सूरज ईश्वर का लालटेन है

भास्कर कविश

ISBN 979-888591527-4

क्रम-सूची

भूमिका

नन्हा बच्चा गुल्लक में छोटी-सी रकम जुड़ने पर उसे फोड़ चिल्लर बिनता खिल उठता है

ठीक वैसे ही मेरे जैसे नई उम्र के लिखने वाले कविताएँ/कहानियाँ जमा होने व पुस्तक की शक्ल में प्रकाशित होने पर प्रफुल्लित होते हैं

'सूरज ईश्वर का लालटेन है' में कुछ कविताएँ प्रस्तुत है जो उमड़-उमड़ के मेरे मन में हावी रही जिन्हें लिखे बिना मैं नहीं रह सका

लोकप्रिय विश्व कवि

रेनर मारिया रिल्के ने अपने समय के युवा लेखकों के लिए कई खत गढ़े जिसमें से एक पंक्ति मेरे हृदय में दर्ज़ है -उसी स्थिति में लिखो जब लगे यह नहीं लिखूंगा तो मर जाऊंगा"

खैर ,

अब जबकि पुस्तक तैयार है

आपके हाथों में है तो बाकी का मुआयना आपको ही करने देना उचित होगा

विनम्र धन्यवाद यह पुस्तक चुनने हेतु

- भास्कर कविश

क़द्र

जिसे तुम्हारी क़द्र नहीं
उससे दूर रहो
संसार कि सबसे सुंदर
कटोरियों में
भीख बटोरते हैं भिखारी

शहर

शहर पहुँचा नौकरी खोजने
दोस्त रेगिस्तान गया
पानी की खोज
अफ़सोस!
हम दोनों ही ज़िंदा नहीं लौटे

ईश्वर की लाठी

शर्म करो!
ईश्वर की लाठी में

आवाज नहीं
फिर भी नहीं पीटता
देवी या स्त्री को

लाठी उठाते तुम
ईश्वर से बड़े कैसे हो गए!

बादाम

मेले में दुबका
आश्चर्य से देख रहा
पिसे बादाम का दूध
पिसा गेहूँ
जिसके लिए सपना है

कई दफा
कमीज़ में बटन टांकते
हुए सोचता हूं
देश कि सीमा में बटन होते
तो दोनों भाग पुनः जुड़ जाते

युद्ध व तरक्की

युद्ध रुके,तरक्की हुई
फिर नस्लें
तलवार नहीं
ट्रेनों से कटकर
मरने लगीं

सीढ़ी पर खड़ी लड़की

लड़की एक रोज़ सीढ़ी
पर खड़ी थी

औरतों का एक झुंड
उससे नीचे उतरने कि
मिन्नतें करने लगा

यह देख लड़की का बाप चीखा-
अरी नीचे उतर!

लड़की आज जान गई थी

जरूर सीढ़ियाँ
ऊँचाई कि तरफ

ले जाती होंगी

समंदर की मछलियाँ

आराम फरमाते
आदमी ने समंदर में
फेंके पत्थर

आराम फरमाते ईश्वर
ने समंदर कि ओर मछलियाँ
उछाली होंगी

नाव

नाव चलाने वाला
पानी नहीं
गरीबी में डूब कर मरता है
जहाज़ उड़ाने वाला
पैसे उड़ाते हुए,

केवल छिपकली
दीवार का अकेलापन
बाँट सकी है
मनुष्य इस लायक भी नहीं

प्रेम

पुरखे पानी नहीं
दो घूँट प्रेम को
तड़प मरे

सोचा है कुछ बड़ा
करके मरूं
जैसे तुमसे प्रेम

टीवी अंधा बनाती है

टीवी पर खबर देखने
के बाद
चश्मे के केस में
चश्मा ही नहीं

दोनों आँख भी रख आया मैं।

राजपथ

राजपथ पर पत्रकार
गिरा..
घुटने में खरोंच
ओह!
रीढ़ टूट गई!

वाक्य

वाक्य तक
जरूरतमंदों के नहीं हुए

'शरीफों को लूटते हो'
यह वाक्य
शरीफों द्वारा सबसे
कम इस्तेमाल हो सका

पानी

माँएँ दूर कुएँ से
पानी लाने में थक
जाया करती थीं
तभी से
पुरखों का कहना है
पानी हमेशा बैठकर
पीना चाहिए

माटी

आज के बच्चों के हाथ
माटी के खिलौने दो,
उन्हें पता होना चाहिए
सब माटी है

खूँ़खार

वो बेहद खूँ़खार है
गुफा में शेर नहीं
अंधेरा रहता है
चूहे के बिल से
घसीट कर निकालनी
पड़ती हैं आदमियों कि लाशें
वह माँस के बाद रीढ़ कुतरने
लगता है

कुछ बचता नहीं
अंतिम संस्कार हेतु

विज्ञान
कभी नहीं बताने वाला
पेड़ सिर्फ ऑक्सीजन नहीं
आदमी जलाने के काम भी
आते हैं

मध्यम मार्ग

रोएंगे यूनान व भारत
सुकरात, ओशो
ज़हर के घूटों से मरेंगे
बुद्ध को जंगल जाना होगा
मध्यम मार्ग तलाशने

भेड़ व आदिवासी

भेड़ के बदन में आग
डालते वे
ऊन नहीं
भेड़ जलाना चाहते हैं

जंगल नष्ट होने से
पशु ही नहीं
आदिवासी भी आहत होते हैं

पार्थ!
सुनसानी में तुम्हें नहीं देखता कोई
उल्टे चमकादड़ सी हैं मेरी कविताएँ
देखती हैं
अँधेरे में भी

कपास

कपास उगाता किसान
सो नहीं पाता
उसी ने भरी हमारी
तकिया में रुई
ताकि हम सो
सकें सुकून से

पंखा

पंखे पर झूलती
रस्सी उतार मेरे बच्चे
रस्सी कूद खेलते हैं
आत्महत्या से जुड़ा वाक्य
सुनकर उन्हें हँसी आती है

चींटी व डिग्री

चींटी तक जानती है
अपना रास्ता
सही दिशा में धकेलती है
वो चीनी का दाना
उफ्फ!
मेरे पास चीनी का
दाना नहीं
डिग्री है

डाकिया

खत कि प्रतिक्षा करते
पिता समझाते थे
साइकल से उतरते

डाकिया को पानी पूछा करो

डाकिए कि योग्यता
चिट्ठी बाँटने से अधिक की होती है

साँप

साँप मेंढक से नफरत नहीं
करता
सुबूत! वो मेंढक पूरा
निगल जाता है
भोजन से प्रेम करना
स्वार्थी होना नहीं है

'भूख से मरा मनुष्य
आग में जलता नहीं
पकता है'

हरियाली

जान चुका पेड़
तुम्हारे लहलहाने
हरे रहने का रहस्य
माटी पर नंगे पाँव
खड़े होऊँ तो
तबियत हरी हो जाती है

मूँगफली

वे औरतें
मूँगफलियाँ थीं
बिस्तर पर उनके
छिलके उतार
लुत्फ उठाया गया
फिर उन्हें
चबा लिया गया

हिरन व सत्य

हिरन सदियों से
झूठ से तेज दौड़ना
चाहता है
शेर सदियों से
उसका भ्रम तोड़
रहा

कितने कम लोग जान सके
हरिश्चंद्र को सबसे पहले
स्वय से सच बोलना पड़ा था

सत्य अमर है
किंतु उसकी प्राप्ति
नवजात अवस्था में हुई
कछुआ उसे अंगुली पकड़
चलना सिखा रहा है

रूमाल

पसीना सुखाने को हवा
चलती है
आँसू सुखाने को हवा

रूमाल बन जाती है

मैं जब भी काँटेदार
पौधे देखता हूँ
तुम्हारे दिल कि आकृति
याद आती है

गोद

भूख मिटाने
दाना लाने
गोद में सोए को
उठाना पड़ा

तकिए का अविष्कार
गोद के बदले हुआ

तकिया गोद कि जगह
नहीं ले सका
सो हमीं ने
तकिए को
गोद ले लिया

मजबूरन!

सूखे तिनके

व्यर्थ कुछ नहीं जाता
घास के सूखे तिनके
जो पशु नहीं चरेंगे
उन्हें चोंच से उठा
घोंसला बुनेगी
चिड़िया

सब्र के फल से
मीठे रहेंगे
सबरी के जूठे फल

सांप नहीं
गिलहरी के पीठ पर मिलेंगे
सभी रामों के अगुलियों के निशान

थकान

मैं थक कर चूर - चूर
हो गया
नंगे नन्हें पैर दौड़ते बच्चे
मुझे मुठ्ठी में भर खेलेंगे
अगले जन्म
नदी किनारे
बिखरी रेत बनूँगा

आधुनिकता

यकीन करो!
पृथ्वी में ऐसा
समय था
जब घोंसले अधिक
पक्के मकान कम थे

पतंग का पंछी के बराबर
उड़ना बूढ़ी चिड़ियाँ को
आधुनिक तो लगता है
किंतु विकास नहीं

कुत्ता और आत्मा

कुत्ता वही हाथ चाटता
है जिसमें पत्थर पकड़ा
था एक दफा
उसकी पीठ पर
निशाना साधते हुए,

कुत्ता सारी टाँगों पर दाँत
चुभाएगा
जो दौड़ रही हैं इधर-उधर

क्योंकि
जो जल्दबाजी में हैं
वे वफादार नहीं
अपनी आत्मा के साथ

पानी, अमृत व आत्मा का
कोई स्वाद नहीं होता

गिनती

गिनती सीखते हुए
मालूम हुआ
मेरी अंगुलियों कि लकीरें
गणित के काम की हैं
मेरे नहीं,

तारों की तरफ उठती
अंगुलियाँ एक दिन
तारों में बदल जाती हैं

आकाश में तारे नहीं
हमारे पुरखों की असंख्य
अंगुलियाँ टिमटिमाती हैं

लिफ़ाफा

रोटी के लिए छाना आटा बचे
तो सोचता हूँ
चींटीयों को दूं या गरीब को
काश!
बूढ़े भिखारी को दे पाता

सब कहते
उसे भूलने
की बीमारी है
लेकिन वो कैंसर से मर गया!

कुछ महीने माँ को
लगभग
सारी तनख्वाह भेजी
एक रोज
माँ को कहना पड़ा-

बेटा!
लिफाफे का अविष्कार
चिट्ठी भेजने को हुआ था
पैसे भेजने को नहीं

अजन्मी बेटी

'अजन्मी बेटी ससुराल
नहीं जाती'
ना ही ले जाती है दहेज,
इसलिए
गर्भपात के बाद

संतुष्ट थी एक माँ

ओछा कवि

सतह पर तैरना
सरल है
कागज़ कि मछली को श्राप है
जल भीतर न तैर सकेगी

ओछा कवि कागज़
से बनी मछली है
गहरे उतरा की गलने लगेगा

कबीर नाम कि बूढ़ी मछली
हमेशा गहरे पानी में तैरती मिलेगी,

डंक

मधुमक्खी डंक
मारती है जो
फूल तोड़ता है

जो दिल तोड़े उसे
शहद देना चाहती है

तब एक बूढ़ा कवि
वेश्यालय कि
चौखट पर तख्ती
टांक आया -
"वेश्याएँ शारीरिक सुख
से ज्यादा प्रेम देती हैं"

अचानक भीड़ छटनें लगी
बिके गजरे वापस
होने लगे

प्रेम की आवश्यकता
ही नहीं इन दिनों!

धन

लड़कियाँ पराया धन होती हैं
और लड़के
शहर के दफ़्तर का
बाकी सारा धन
पुरखे ज़मीन
में गाढ़ मर गए

मछली कि छत

मछली कि छत
पानी की ऊपरी सतह है
पंछी कि छत अनंत आकाश
सर पे छत होना ख़ास
जरूरी नहीं
केवल
कैदी यह बात
स्वीकारता है
जबकि
स्वतंत्र हम कोई भी नहीं

ऑपरेशन

और वो
ऑपरेशन बिन मरा
डॉक्टर की प्लेट में सजी कैंची
निर्धन के लिए रोटी जैसी है

समय पर वो भी उसके पेट
तक नहीं पहुँचती

उम्मीदी

एक सुबह उम्मीद ने
अमृत पिया
फिर वो कभी नहीं मरी

जिनकी आत्मा मरी भी
उनकी उम्मीद ज़िंदा रही

ज़मीन इधर-उधर न
सरका पाने की उम्मीद

गमला बनके उगी

दुनिया के सारे
गमले एक साथ रख दो
धरती का बड़ा
टुकड़ा नजर आएगा
जिससे दुनिया अंजान है

नई सदी का प्रेमी

मधुमक्खियाँ मेरे लिखे
अक्षरों पर बैठती हैं तो
उन्हें वो फूल याद आता है
जो समय से पहले तोड़
लिया गया

नई सदी का प्रेमी हूँ
देर रात तारे टूटते हैं
मैं कमरे में दुबका
लैपटॉप पे नज़र गड़ाए
दफ़्तर संभालता हूँ

न तारे मेरी मुराद पूरी कर सके हैं
न चिल्लरों सी तनख्वाह

नन्ही बेटी

मेरी नन्ही बिटिया
जब सीख लेगी अक्सर ज्ञान
पढ़ेगी पहली दफा
तुतलाते हुए अख़बार

वह ज़ोर से पढ़े-
पप्पा! इसे छपा है
पयाल यानी प्यार

ईश्वर,
उस दिन अख़बार में
ना छपा हो बलतकाल
यानी बलात्कार!

आग व माँ

आग परिचित है
औरतें जलाने कि प्रथा से

चूल्हे की जलती लकड़ी
लपट लिए पीछे ही आएगी
मेरी माँ कि ओर

माँ आज तक उसे
आगे सरका रही है

शेर सर्कस

शेर सर्कस में वफादार
हो सकता है
जंगल में नहीं
पूर्ण आज़ादी ने शेर
को शेर कम पशु
अधिक बनाया है

मुझे शेर कहकर मत पुकारो
मैं बेफिक्र

हिरण के बच्चे संग
हरी घास में खेल रहा हूँ

केक व कवि

मैंने दुःख अकेले काटे
और केक सबके साथ,
एक कवि केक का पहला
टुकड़ा चिड़िया व पेड़ के
लिए रखता था

देश की लकीर देख
नहीं बता सके देश बंटने
को है

जो ज्योतिष नक्शे
नहीं देख पाते
उन्हें हाथ कि लकीरें
मत दिखाना

पहाड़ व गेंद

आँख बन्द कर नाक छूते
एक उदास, बंजर पहाड़
याद आता है
जो मेरे आने कि प्रतीक्षा में
गहरी सांसे भरता है
चौबीसों घंटे

ज़िंदगी में बीच से दरार
पड़ चुकी
जैसे पड़ती है दरार
अधिक पिटी लाल रबर गेंद में

जो गेंदें बल्ले से नहीं टकराई
उन्हें कहीं रखकर भूल गए बच्चे
जो टकराई उन्हें
झाड़ियों,गटर से भी
निकाल लाए बच्चे

भूखे बच्चे

तनख्वाह गिनती अंगुलियाँ
कितनी फुर्तीली
दिखती हैं

लानत!
तुम इतना कभी
नहीं कमा सकोगे
कि विश्व के भूखे बच्चों
को एक वक्त की बासी रोटी खिला सको

तुम नहीं आ सकोगे
काम मुसीबत में

रात भीगे मरियल
लड़के ने बताया था -

'जाड़े का सूरज कपड़ा सुखाने
उगता है'

प्रेम किस्से

अधूरे प्रेम किस्से
जीवन नाम कि बुशशर्ट
पर शहतूत के दाग-से
चमकते हैं
आजीवन,

प्रेम हृदय कि कंघी है
अंगुलियों से बाल ठीक
करते मालूम हुआ

वे इश्क के काम के नहीं थे
जिन्हें दफ़्तर से लौटते
मौत आ गई

पृथ्वी

पृथ्वी सबका घर थी
फिर भुनी ईंटों की
दीवार खड़ी हुई
मेरे पड़ोसी पेड़ हैं
जब भी मिलने जाऊं
अमरूद देते हैं

कमज़ोर शिकारी
तुम्हारे तीर हिरण
से ज्यादा वृक्षों
पर गढ़े हैं

अश्वथामा से खड़े
वह वृक्ष जी रहे हैं
माथे पर गहरा घाव लिए

टोकरी

टोकरी बुनती औरतें
सबको इकट्ठा रखती हैं

अधेड़ औरतों के स्तन
घूरता वो
सोच छोटी जितने
बिल्ली के स्तन

चींटी

चींटी से सीखा
छोटा बने रहना
कोई काँटा उसे
घाव नहीं दे सका है

मैं काँटे पर नहीं चल सकता
चींटी काँटे पर चलती है
उसकी राह कभी काँटे नहीं
आते !

बंजर देह

कितनी बंजर है देह
लीची के बीज तक
अपने जिस्म पर नहीं
बो सकते हम
जबकि हम सब
मिट्टी के बने
उफ्फ!
हम किसी मिट्टी के बने हैं!

गुलाब अपनी नहीं
माटी कि खूबसूरती
बताने खिलता है

नदी व एकांत

नदी किनारे जड़े प्यासी हैं
सूखती जड़ें मुरझाए पेड़
पैदा करेंगी
जिसके नीचे उदास लोग
बैठने आयेंगे

एकांत पर उदास लोगों का
अधिकार रहा है

कवि कलम से पहले
एकांत खोजता है

हम मिलेंगे पहाड़ के सन्नाटें में

जानती हो!
एकांत में सिर्फ समाधि नहीं
लगाई जाती
प्रेम भी किया जाता है

पत्ते

अक्सर
तुम्हारा माथा चूमना चाहा,
उन दिनों तुम्हारे होंठ
तुम्हारे माथे से
हुबहू मिलते थे

तुम्हारे होंठ हरे पत्तों
से छूते एहसास पनपा
पत्ते पत्ते नहीं
पेड़ की अंगुलियाँ हैं

जिस रोज़ तुम
मिलने नहीं आई
पत्ते पेड़ से टूट
बेंच में बैठे रहे मेरे साथ

फसलें

ईश्वर मेड़ में बैठा
दराँती में धार लगा रहा

वो देख रहा है खेत
में उगती फसलें
और रोज सुबह सड़क
पर उगती
काली,लाल,सफ़ेद गाड़ियाँ

खदान

एक खदान की कविता सुन-

सर्वाधिक भारत में
जातिवाद पाया जाता है
अभ्रक आज भी
द्वितीय स्थान पर आता है

चूल्हा व हाथ

बेबसी,
आग रोटी जलाती है
और रोटी हाथ
हाथ फिर चूल्हे में झोंके
लकड़ी
ताकि भड़की रहे आग

कंकड़

तुम आई सांसे
भरने लगा वरना
सब समंदर गए
मछलियाँ निकालने
आज तक कंकड़
निकालने कौन गया!

अंगुली

इक रोज़ पिता
मुझे अंगुली पकड़
चलना सिखाने लगे
मैं तब से लगातार चल रहा हूँ

पिता बूढ़े होकर
एक पार्क की
पीली बेंच में सुस्ता रहे हैं

मैं चलते - चलते दफ़्तर
पहुँचा हूँ
बॉस अपनी अंगुली पर मुझे
नचा रहा है
तनख्वाह कि तारीख़ अंगुली
पर गिनता मैं

जैसे कैदी गिनता होगा
रिहाई की तारीख

विश्वास करो
पिंजरा व जेल की सलाखें
मनुष्य की अंगुलियाँ देखकर
गढ़ी गई

माँ और टेबल

माँ और टेबल फैन ने
कभी नहीं चाहा

मैं आत्महत्या करूं

सो बेरोजगार दिनों
में साबूत बच सका

दराँती -सा दुबला मज़दूर
जितनी फ़सल काट चुका
उतना अन्न चबा नहीं सका कभी

शक्कर का ढेला कारखाना है
जहां मज़दूर चींटियाँ
सूरज उगते ही आएंगी
लंबी कतार में

किस्मत

पंछी मेरे सीने में
उगे बाल उखेड़
टहनियों पर दिल कि आकृति
का घोंसला बनाते हैं

एक सुबह आग सेकते
हथेली कि लकीरों ने
आग पकड़ी
और कई दिनों तक
जलती रही

अंतत :
मुझे क़िस्मत से
हाथ धोना पड़ा

वोट और सिगरेट

धर्म बता खींचेंगे
तुम्हारा इकलौता वोट
तबाह तुम नहीं
तुम्हारी नस्लें होंगी

अंगुलियों के बीच जलती
सिगरेट
अंगुलियाँ नहीं जलाती
फेफड़े जलाती है

कुछ अन्य रचनाएँ

समानता

एक समानता है हममें
तुम समझो अगर

मैं अपनी माँ पर गया हूँ
और तुम ईश्वर पर

बाजू

कटे बाजू देखके रोता था।
जंग में सब जायज़ होता था।

फूलों के उड़ने की खातिर।
मैं तितली-वितली बोता था।।

सूरज

सूरज के हर छाले को देखा है
इन आँखों ने उजाले को देखा है।।

भाला वो मारेगा सोचा ना था।
हमने भोले भाले को देखा है।।

चाबी में भी चाबी भरदी किसने?
ये कहते इक ताले को देखा है।।

तुम बस दूसरों जैसे मत बनना।
हमने पहले वाले को देखा है।।

बदन

बहुत है भूखा तेरा बदन
जा नहीं मैं छूता तेरा बदन

तू लगी आँख देखने सबकी
और सबने देखा तेरा बदन

धूल मिट्टी

बस धूल मिट्टी लिखता था।
मैं ख़ाक पढ़ा लिक्खा था।।

वो देख मुझको ख़िलती थी
दुनिया को ये खलता था।।

इक लो बुझी अपनी मर्ज़ी।
तब ख़ूब दिया जलता था।।

दिखती भली थी वो लड़की
सिक्का उसी का चलता था।।

रहबर

हमीं कुछ हटके थे कुछ घर बना लिए।
अपाहिज लोगों ने रहबर बना लिए

क्या कर लेगा इक तीर से राम!
यही सोचा रावण ने सर बढ़ा लिए।।

पत्थर कि मूर्ति

ईश्वर देख रहा
अनंत से नजरें गढ़ाए
पत्थर कि मूर्ति पे

पत्थर दिल फूल चढ़ाए

सफ़ेद गुलाब

तुम्हें सफ़ेद गुलाब
पसंद थे
मैं बर्फ से गुलाब बनाने की
कोशिशों में मरा

दुनिया दूसरों की बातों से
ज्यादा कुछ काट सकी
तो स्वयं के पीले नाखून

मिथ्या है,
मरते वक्त जो हंसे थे
वे स्वर्ग गए
इसकी सफाई
मुझसे मत माँगना

मैं इतना मैला कभी नहीं
हुआ की मुझे सफाई देनी पड़े

मशाल

कई मशालें अपनी
आग से जली और

ख़ाक हुई

मेरे सीने में भी फूटी थी
परिवर्तन लाने की आग
जो सरकते हुए पेट की
आग में तब्दील हुई,
और पेट की आग तो
रोटी तलक नहीं पका सकती
हां,
रोटी जला ज़रूर सकती है

कितना हांस्यास्पद है!

हम इतने ठन्डे लोग हैं कि
तीव्र ज्वार भी हमारी
देह गर्म न कर सकेगा,

शायद जब हम जलें
तो कुछ गर्मी फूटे!

ठंडे लोगों को
मरणोपरांत
दफनाया नहीं
जलाया जाना चाहिए

तुम और मैं

तुम मैं साथ रहेंगे
जैसे टिफिन में रोटियाँ

तुम्हारी अंगुलियाँ
चूमना मानों किसान
खेत में खड़े मीठे
गन्ने चूम रहा हो

तुम कहती
प्रेम अपाहिज़ होता है
उसकी बातों का
कोई सर-पैर नहीं

हमारा रिश्ता किसी
नाम का मोहताज
नहीं
ये मंदिर की आखिरी सीढ़ी
पर मिला नवजात है
जिसका नाम एक
नाई रखेगा

प्रेम ही जीवन है
यह पंक्ति जल ही जीवन
से हमेशा बड़ी रहेगी

कलम व अँगूठी

कागज़ पर इतना
चल चुकी कलम
उसकी सांस फूलने
लगी है

अंगुलियों में कलम
दबा रोटी लिखने के लिए
उन्हें सोने कि अँगूठी
उतारनी ही पड़ेगी

अँगूठी अंगुलियों का पिंजरा है

पहला प्रेम

कोई अपना
पहला प्रेम भूल
चुका
उसे सांत्वना दो
जैसे अपाहिज़ को देते हो
घर का पता भूल जाने पर

दीवार पर सर पटकना निशानी है
तुम्हें कोई गले लगाने

वाला नहीं बचा

मैं स्कूल कि जिस
आखिरी बेंच पर बैठ रोया
वह दुनिया के आखिरी
पेड़ से बनी थी

विनम्रता दिखाओ,
जब दुनिया कटे सेब कि तरह
परोसी जाए तुम्हारे सामने
तलवारें नहीं,
रसोई में केवल चाकू
लटकाए जाएंगे

गुर्राहट

शेर ने गुर्राहट बचाई
बचा भूख का भय भी,
आदमी ने सभ्यता बचाई
और स्त्री देह भी

स्पष्ट आवश्यकताएँ सबने बचाई
गर्भवती को बुढ़िया दाई याद आई

वेश्या ने बचाई मोटी पायल
कुछ
छुट-मुट धन भी बचा लिया

किंतु बच न सके वो कथित पुरुष
जिन्होंने देह लूट कर मज़ा लिया।

नन्हा सुकरात

नन्हा सुकरात रोता और
यूनान सर पे उठा लेता

माँ अपने मैले वस्त्र से
ढकती उसके लाल होंठ
ताकि शोर कम हो

माँ नहीं जानती
सुकरात शोर नहीं करते
वह तर्क प्रस्तुत करते हैं

लाओ,
नन्हें सुकरात के होंठो
से दूध नहीं विष का

कटोरा लगाओ

इस सदी का राजा
अगर देवता होता
तो तर्क का पुनर्जन्म
विष के रूप
में करता

खूँटा

बैल अगर रस्सी का
विरोध नहीं कर रहा
तो खूँटा चाटना
सीख गया है
घाव फूटते हैं यह देख,

जब मेरे हाथ में नहीं रहता
आँसू रोकना
मैं हाथ से आँसू
पोछने लगता हूँ

तसल्ली मत दो मुझे,

हरे भरे इलाके ले जाने से
ऊँट रेगिस्तान नहीं भूलता

थपथपाना

उसपे हाथ उठाया गया
वह फूटकर रोई
मैंने हाथ उठाए
उसके कंधे पर रख दिए

दूसरे के कंधे थपथपाते
हाथों को महसूस हुआ
वे ज़िम्मेदार कंधों से उगे हैं

एक लंबी सरकारी
छुट्टी घोषित करो मेरी,
सभी के कंधे
थपथपाना चाहता
हूँ मैं

पीठ व ईंट

उनकी पीठ का ख़ंजर
निकालते आपकी
पीठ अधिक खतरे में
दिखती है

ख़ंजर नहीं ईंट से तोड़ सकता
है कोई रीढ़ आपकी,

भोले हो!
कहते हो ईंट
का कुल उपयोग
मकान खड़े करने में है
फुटपाथ पर
चार ईंट जोड़ चूल्हा
बना चने भूजती
बुढ़िया तुमसे असमत रहेगी
अपने बुढ़ापे के
अंतिम क्षणों तक

सांत्वना

दाना खोजने उड़ी चिड़ियाँ
चील का शिकार होती,
तब मर चुकी चिड़ियाँ के
टूटे पंख उसके घोंसले
में रख आता,
उसके नन्हें बच्चों का
पता नहीं,

पर ऐसा करके मुझे
सांत्वना मिलती थी

लकड़'हारा'

सूखे होंठ हिलाते
लकड़िहारे कि कौन सुने
लकड़ी दरवाजे से आवाज़
भीतर घुसती थी
अब काँच के दरवाज़े हैं

कद्दू पर नहीं
अपने शिकार पर
तीर मारते हैं
हम सब

लकड़िहारा,
पेड़ मत काटो
तुम्हारे पूर्वज
बंदर थे
और
श्राद्ध कव्वों ने चुगा

बम बहुत फूटे
एक सुबह बीज फूटेगा

उससे दिल निकलेगा

रसोई

बक्से तले चूहा
रोटी कुतर रहा

मरियल बिल्ली कटोरे
से दूध चाट रही

भूखा झिंगरू
रसोई से आवाज कि प्रतिक्षा में
बगुले उड़ा रहा

खटिया से टिका आदमी
होंठ के नीचे दबा तंबाकू
अंगुली से निकाल रहा
ये सब संभव है

क्योंकि रसोई में एक औरत
भात पका रही है

सोचता हूँ
पहली औरत जिसने

गोल रोटी बेली
उसे मालूम था
दुनिया रोटी के लिए
दौड़ती है
दुनिया गोल है

माँ और चिड़ियाँ

जन्म से ठीक चौबीस घंटों
पहले गर्भ में
माँ का हृदय देखा
तब वही मेरा हृदय था

चिड़ियाँ उन सभी पेड़ों
पर चीखती है
जो बीते जन्म उसके नन्हे बच्चे थे

मनुष्य व पंछी का
पहला घोंसल माँ का पेट है

धीरे-धीरे माँ सब कुछ
कुछ बिसरने लगी है
किंतु
दूध का उबाल गिर जाना
माँ को मायका याद आने का नतीज़ा है

नींद

कागज़ पर उगी
पहली कविता किसान
के बारे में थी

वे उदास कवि बनें
जिन्हें रात के स्वप्न
सुबह देर तक याद थे

नींद वही परोसेगी
जिसकी कल्पना
जागते हुए करो

जो कब्र में सो रहे
उन्हें सब कुछ मिल चुका है

कुएँ और मेढ़क

कुएँ के
मेढ़क नहीं,

तुम कुएँ सी पहचान गढ़ो

कुएँ का जल
नदी में नहीं दौड़ता
न जाकर मिलता है समंदर से
कुएँ का अपना अलग वजूद है

सबसे जरूरी..

जिन कुएँ से
पानी न निकाल सको
उनमें जहर मत छिड़कना

भूख

आश्चर्य!
आँखें बंद होने पर
कान भी सोने चले जाते हैं
अदृश्य बिस्तर पर!

घंटे भर पहले पका
ठंडा भोजन

खाते उदास हूँ

जान गया हूँ
बासी भोजन की सही कद्र
बासी भूख ही कर सकती है

न अन्न निगलने वाला खुश है
न ज़िंदा चबा जाने वाले

मगरमच्छ मछली से ज्यादा
हिरन खाना चाहता है
शेर चाहता है पंजे
से मछलियाँ फाड़ना

हर कोई कुछ नया करने
की इच्छा से भरा है
इकलौते जीवन में!

छाता और आप

छतरी में एक छेद
आकाश के छेद
से टपकी बूंदें उसी
छेद से रिसती हैं

आप गीले होने लगते हैं

बचाव हेतु दौड़ते हैं
तभी घिसी चप्पल पर
लोहे का तीखा कण गढ़ता है
पैर में एक छेद फूटता है
और गाढ़ा खून बह
निकलता है
अचानक
एहसास होता है
आज नया छाता लेकर
निकलना था

बारिश में छाता
याद करते आप
छाता बारिश में
आपका हाथ याद करता होगा

अधजली लकड़ी

योनि में अधजली लकड़ी
घुसेड़ थूक के उसके मुँह पर
पीले दाँत चमका वो भाग गया

ये बर्बर खबर पढ़ते
मुझे बलात्कार विरोध
पर पिछले माह
रची कविता देख
लज्जा आने लगी
मैं पानी - पानी होने लगा
पीछे से तीखी आवाज उठी
तुममें पानी भरा है
रे लेखक!

ये सुन मेरे कानों से खून
टपकने लगा
टप !टप!

स्कूली बस्ता

बहादुर है
स्कूल पीठ पर टांग
घर लाता हुआ बच्चा
जिसे पुकारता वो
कहकर "बस्ता"

बस्ता मजदूर
का बड़ा लड़का
जिसके पास बोरे का बस्ता
मोटे नीले-काले धागे से
सिला फटेहाल खस्ता

ये बोरे का बस्ता
दिल में नहीं बसता
मज़दूर बेटे से कहते हुए
हँसता-

बाद में कुछ नहीं बचता
जो बचपन में ना टांगा बस्ता

वृद्ध कवि

चट - चट की आवाज़ें
जल रहा एक वृद्ध कवि
जब वो जल रहा
सुदूर गाँव में एक बीमार उसकी
कविता के सहारे जीवित है
उसी क्षण,

एक दुबला नौजवान
वृद्ध कवि को जलता,
काला धुआँ बनता देख
पूछ रहा स्वयं से जीवन का लक्ष्य

नौजवान बड़बड़ाया..
नहीं! मैं नहीं रचूंगा कविता
मैं कविता में कही
बातें उतारूंगा ज़मीन पर

कविताएँ उन हेलीकॉप्टर में
बदल रही जो गायब
होती हैं रहस्यमय ढंग से
अनंत आकाश में
वे जहाज कभी ज़मीन
नहीं उतर सके
खैर अब
कविताएँ उतरेंगी जमीन में

दुनिया का श्रेष्ठ कवि
कविता लिखते नहीं
पढ़ते हुए मरेगा

कारखाना

मैं कारखाने में बतौर कारीगर
बातें बनाता था

मुट्ठी भर लोग मुझसे
बातें खरीदने आते
उन्हीं दिनों एक दार्शनिक
ने कहा -
तवे पर बिछी रोटी व
बिस्तर पर बिछी औरत
किसी कि भूख शांत नहीं कर सकते

ये बात आग कि तरह फैली
सारे बिस्तर जल उठे
शर्मनाक!
सबसे तेज़ लपटें
ईंधन नहीं
औरतें व इतिहास
जलाने से उठी हैं

कभी याद नहीं रखा गया -
स्त्री व गहनें
मुसीबत में काम
आते हैं